여든 즈음, 그래도 즐거운 것은

여든 즈음, 그래도 즐거운 것은

권우용 시집

月刊文學 출판부

| 自序 |

50년 지각생이 여기 있습니다.

정말 부끄럽고 쑥스럽다는 생각입니다.

그 많은 날들을 허송하며 살았으니 말입니다.

꿈이야 버리지 않았지만

빈천(貧賤)의 횡포 앞에 주저앉지 않으려 몸부림치는 사이

세월만 자꾸 흘러 별 수 없이 나도 상노(上老)가 되었습니다.

일흔에야 겨우 시(詩)를 배우기 시작했지만 늙은이의 나태와

무력감이 자꾸만 열정을 식히면서 제자리에 맴돌게 했습니다.

이제 여든에 그래도 내가 즐겁고 행복한 것은

더러는 빼저린 추억에 가슴이 아프기도 하지만

시(詩)라는 친구가 있어 사색하는 하루가 즐겁기 때문입니다.

틈만 나면 자연과 풍경을 찾는 즐거움도 있고

소주 한 잔 나누는 친구들도 있으니

맑고 밝은 몸과 마음 어찌 행복하지 않겠습니까.

더구나 여든에 첫 시집이라니 스스로 대견하다는 생각입니다.

부족한 줄 압니다. 지금부터가 정말 시작이라는 생각입니다.

반백 년이나 늦었으니 더 열심히 해야겠다고 결심합니다.
좀더 곱고 읽혀지는 시를 쓰도록 노력하겠습니다.
아직은 90보다 젊고 100보다 어리다는 생각으로
열심히 살고 즐거운 마음으로 공부하겠습니다.
그동안 격려해 주시고 지도해 주신 강희근 교수님께
감사를 드립니다.
비봉문우회, 남가람문학회의 지도선생님들과 문우들,
'천년고도의 나무에 걸린 달' 문우들의 우정에 감사드립니다.
사랑하는 수(壽)와 아이들에게도 사랑한다는 말 전하고
싶습니다.

2016년 8월

권우용

차례

自序 004

가슴 아픈 추억들 1

노징이재 012
지게 014
아버지의 노래 016
술지겡이 018
국밥 020
어머니의 장물 022
양심 024
당신의 얼굴 026
풍경 028
월급봉투 030
다짐 032
만취 034
연장전 036
내가 걷는 것은 038
고백 040
할아버지 고목 042
아침인사 044
한 세월이 흘러 046
자화상 048

달 050
어머니 051

탐욕도 버리고 아집도 버리고 2

달집 태우기 054
몰입 055
강이 아름다운 것은 056
자전거 058
잠시, 우리도 060
하나의 소망 061
꽃밭에서 062
딱 한 번 063
인생, 이렇게 살아라 064
똥 066
공짜로 행복해지는 방법 068
바퀴벌레 070
커피 072
사진 한 장 074

낙화 076
곶감論 077
자랑할 것 없지만 078
대리운전 080
아파트 083
선생님, 밥만 먹고 어찌 삽니까? 084

여든 즈음, 그래도 즐거운 것은 3

꽃은 088
사랑하는 사람아 089
기도 090
인연 092
사람의 향기 094
그곳에 096
정상 098
얼마나 좋을까 100
고스톱 102
꽃무릇 104

스마트폰 106
산과 여자 108
어떤 행복論 110
회춘 112
동창회 114

그곳에 내가 있었다 4

남강에서 118
현재 진행형 120
치과에서 122
정상에 서서도 124
대상포진 126
해신당공원 128
금대암에서 130
마애사 마애불 132
영동선 승부역 134
운주사에 와서 136
지산리 고분군 138

태백산 주목 140
미천골 단풍 142
천왕봉에서 144
땅끝마을에서 146
오줌을 누다가 148
고비사막 150
까보다로까곶에서 152
백두산을 올라 154

| 작품해설 |

후문학파의 한 지점·강희근 157

1
가슴 아픈 추억들

노징이재

아버지는
시래깃국 한 그릇 드시고
갈비짐 한 지게를 지셨다

노징이재 30리
아버지는 비틀비틀 산길을 올라 고령장 가셨고
하루종일 칼바람이 불었다

철모르는 우리들 일곱은
좁은 방구석을 뛰면서
눈깔사탕 생각에 배고픔도 잊고 있었다

콧물 훌쩍이던 동생들
허기에 취해 잠든 달 밝은 밤
아버지는 술에 취해 오셨다
팔리지 않는 갈비 한 짐
막걸리 두 되와 바꾸었다 하셨다

일곱 새끼들의 밥과 희망
눈물 섞어 마시고

울면서 소리치며
바람이 가슴을 치는 노징이재 넘어 오셨다

—더러바서 못 살겠다
우리도 대구로 가자
죽어도 대구로 가자!

지금도
나를 안고 우시던
아버지의 절규는 들리는데
이제는 지게도 없고
밥도 굶지 않고
노징이재 걷는 사람도 없고
고령장 어디에도 갈비는 없는데

나는
추억에 가슴 저려
아버지를 부른다

아—
아버지!

지게

아— 저건 지게
다리 부러진
아버지의 지게

멍에
천근 무게
우리들의 삶
아홉 식구의 목숨이
주렁주렁 매달려 있었다

아버지는
아침마다 지게로 무장하고
역으로 가셨고
'지게꾼!' 소리를 들어야
우리는 죽을 먹을 수 있었다

이제
아버지는 안 계시고
죽도 먹지 않는데

다리 부러진 지게 하나가
박물관 진열장에 모셔져 있다

지게!
저 지게는
한때
우리들의 밥
우리들의 목숨
우리들의 구원이었다.

아버지의 노래

칠성동 기차길 옆 작은 판잣집
엄마 품에 안긴 일곱 남매는
밤이 깊어
허기진 꿈길에서 아버지를 기다린다

기적 소리 길게 서울 가는 급행열차 지나가고
온 동네 개울음 몰고 아버지가 오신다

삐거덕 다리 부러진 대문 위로
눈썹 같은 달님과 어깨동무하고
―금순아 보고 싶구나―
아버지의 노래도 기분좋게 취했다

깡보리 한 되
소금 절인 갈치 한 마리
오늘도 아버지는 노동에서 이기셨나 보다
전리품은 왕사탕
하나 둘 셋 넷……
마지막 한 개, 엄마 입에도 하나

세상 모르는 우리는 가난이 즐거웠다

칼바람 등으로 막고 살아도
칠성동 기차길 옆 조그만 판자집
—금순아 보고 싶구나—
아버지는 우릴 안고 노래하시고
철모르는우리는 세월이 즐거웠다
아버지의 노래에 매달려
그래도 우리는 부자인 줄 알았다.

술지겡이

술지게미
달작 새콤한 맛
술지겡이를 아십니까

막걸리 찌꺼기
버리거나 거름으로 쓰는 것
돼지들의 꿀꿀이밥
그것도 못 먹는 시절이 있었습니다

까마득한 추억
잊을 수 없는 그날
술지겡이 한 그릇 먹고 학교에 간 날

"어린 놈이 술을 먹고 오다니……"
선생님은 회초리로 치셨고
나는 슬프고 가슴 아파
새끼사슴 피를 토하듯 울었습니다

세월은 도망가서

나의 여든이 저만치 오고 있는데
오늘도 추억과 통곡을 칵테일해서
막걸리 한 잔 마십니다

그때 그 맛
달작 새콤한 향기
꿀꿀이 맛이 그리워집니다
나는 술지겡이를 먹어 본 사람입니다
술지겡이 먹고 엉엉 울어 본 사람입니다

세월이 흘러도, 나는
배부른 돼지가 되지 않고
착한 사람으로 살아남았습니다.

국밥

까까머리 고교 1학년
땀 먼지 범벅으로 젖어버린 여름방학 어느 오후
어머니는 나를 앞세우고
달성공원 지나 서문시장으로 가셨다

어느 국밥집
침튀기며 아들 자랑하는 곁눈질 너스레에
깔깔깔 함께 웃던 곰보딱지 아줌마
까맣게 찌든 때 종이돈 석 장에
인정이란 주걱으로 국밥 한 그릇 꾹꾹 눌렀다

—어서 먹어라
—고기도 더러 먹어야 한다

술지게미 한 사발 서러운 밥상 위로 해가 떴으니
오뉴월 가뭄 같은 허기
나는 금방 거지가 되었다

허겁지겁 삼키다가

어머니, 어머니를 찾았는데
어머니는 저만치 한 뼘으로 자라는 그늘
무거운 벽 등에 지고 쓰러진 듯 주저앉아
냉수 한 그릇 마시고 계셨다

—어서 먹어라
—나도 한 그릇 먹고 있다.

어머니의 장물

무슨 보물처럼
헌 신문지에 곱게 싸서
속것 속에 숨겨온
소중한 장물 하나

어머니는 오늘도 어느 잔칫집
고기 담당이었나 보다

필시 난도질 당해
풍성한 접대의 주인공이 되어
사나이들 화제에 올랐을지도 모를
꿀꿀꿀 욕심쟁이 돈(豚)선생의
탐욕을 자랑하던 소중한 조직 하나

—남자는 튼튼해야 한다
굳굳해야 하느니……

그때는
어린 마음

그것이 무엇인지
그 말이 무슨 뜻인지 몰랐습니다
그러나
이제는 압니다

가난과 싸우며 슬픔도 이기고
칠형제 키우며 꿋꿋하셨던 어머니
나의 곧음은 당신의 은혜입니다
감사합니다, 감사합니다.

양심

참말로 참말해서는 못 사는 세상에
거짓말로 거짓말해서도 안 되는 세상에
무슨 뾰족한 방법이라도 되는 듯
착하게만 살아야 한다고
하얀 마음 하나 꽁꽁 품고 살았을까

버려도 그만인 동정 같은 것
때로는 짜릿한 쾌감도 있고
짭짤한 이득도 있는데
재물만이 목표인 세상에
출세만이 으뜸인 세상에
모른체 외면하면 그만이고 도움이던 것을

무슨 명예라고
무슨 인간의 도리라고
무겁게 가득 지고 걸어 왔을까

그러나 지금
어둠이 밀려와도

내일 당장 쓰러져간다 해도
내가 즐거운 것은
'아무리 악화가 양화를 구축하고*'
거짓이 진실을 이긴다 해도
내가 행복한 것은

너의 눈빛
어둠을 밝히는 등불처럼
곧고 밝게 살아온 내 영혼의 순수
그 하얀 색깔 때문이다.

* 그레샴의 법칙.

당신의 얼굴

천왕봉 오르려
연수원 지나
벽계사로 가는 숲길

온통 붉은 하늘, 단풍에 취해
비틀거리며 걷다
쓰러질듯 버티고 선 고목 앞에서
발이 멎었다

어디서 본 얼굴
비바람 씻겨 온 세월에
허무만 남았다는
새까맣게 타서 텅 빈 가슴으로
앙상한 모습
눈에 익은 슬픈 얼굴이 보인다

오늘도 거울 앞
주름을 감추려
텅 빈 가슴 숯검정을 감추려

손길이 분주하던
아! 당신!
당신의 모습!

풍경

눈 뜨면 그 자리
풍경 하나가 나를 반긴다

빛바랜 색상
주름진 화폭
반백 년 시선이 머문 곳
투박한 질그릇 같은 표정

마주보며 살아온
우리들의 초상
이제는 고전이 되었지만
바라보면 언제나 그 자리
손 뻗으면 따뜻한 체온으로
손잡아 주는 사람

언제나 지친 나의 심신에
활력이 되고 용기가 되더니
위안이 되고 안식이 되더니

변함 없이 그 자리
아름다운 풍경 하나
오늘도 당신은 웃고 있다.

월급봉투

헐값에 넘겨버린 땀방울
그 초라한 수확
빈 가마니로 남았다

사슴새끼 같은 아내의 서러움
다섯 생명의 아픔이었는데……
그 눈물 그 한숨 다 잊어버린 지금
무얼 추억하려 저렇게 모았나
무슨 보물이라 가슴에 품고 살았나

빈천(貧賤)은 원래 그런 것
삶은 언제나 살얼음 걷기
채워지길 바라며 울다가 웃다가
비워진 가슴에 찬바람 흘러도
아름다웠다 추억하며 허허 웃는 것
갈라진 손등의 증언을 들어야 한다

쭉정이만 가득
실농한 농부의 구멍난 가마니

이제는 주름진 허상으로 남아
찌든 얼굴이 되었다

그때 빈 쌀통 긁던 아내도
지금 생각하니
빈 봉투를 닮았었구나.

다짐

인간사 다 그러한데
가슴 아픈 빈천과 남루를 넋두리하며
술이나 취해 산대서야
내가
어찌 사람이라 하겠느냐

가도 가도 끝없는 길을
너희들 공부할 수 있고
당신의 사랑만 있다면
또 한 번
작은 소망 하나 가슴에 안고
두려움없이 어디까지 갈 수 있는데
땀이사 아낌없이 쏟을 수도 있는데……

어쩌다 나 혼자 외로워져
고문 같은 고독에
허무뿐인 인생을 산다 해도
생이 무겁다고 내려놓고
삶이 슬프다고 눈물로 지새우며

밥이나 축내고 엎드려 산대서야
술이나 마시며 흔들려 산대서야
내가 어찌 어르신이 되겠느냐
내가 어찌 할아버지라 하겠느냐.

만취(滿醉)

서울 친구 몇 만나
우정이란 놈과 칵테일해서
소주 좀 마셨소

무슨 특권처럼 비틀거리다
무슨 특기처럼 흔들거리다
가로등을 안고 섰는데
취한 건 내가 아니고 가로등
가로등도 흔들리고
행인들 모두 허우적거리고 있었소

미니스커트 아가씨도
근엄한 교장선생님도
하루살이 품팔이 노동자도
종로 쪽에서도
광화문 네거리에서도
앗! 저기 교통정리 경찰관도
덩실덩실 춤을 추고 있었소

더욱 놀라운 건
사람들만 미친 게 아니고
세상마저 빙글빙글 돌고 있었소

빵빵빵 역주행하는 차들의 홍수
무너질듯 기우뚱거리는 키다리 건물들
아! 이거 큰일이다,
대형사고 나겠다!

—위험합니다, 저리 비키시오!
—정신 차리고 빨리 집으로 가시오!

돼지 멱따는 소리
나는 다급하게 소리 지르고
사람들은 껄껄껄 웃고 있었소.

연장전

남루와 초라는 나의 얼굴
음달에서 살면서 항상 먼지투성이였다

질시가 싫어
하대가 싫어
가슴에 숨어 울면서도
땀 흘리며 살면 되려니 했다

쓰러지지 않으리
절대 주저앉지 않으리
하물며 굽신거리지 않으리
싸우며 달려온 나의 인생
이제 체력이 바닥인데
아직 게임은 끝나지 않았고
연장전 후반이 남았다

끈질긴 무승부
성공도 없었고 실패도 없었다
스코어는 아직도 0 : 0

힘을 내자
즐거움, 희망, 열정 같은 것
그래 나는 이기고 있다
적어도 쓰러지지 않은 나의 인생
나는 실패하지 않는 데 성공했다
나는 부끄럽지 않게 살아가는 데 성공하고 있다.

내가 걷는 것은

운동화 신으면 된다
그냥 집을 나서면 된다
가슴이 답답하고
순수가 그리울 때
육신이 묵직하고 무기력할 때
나그네처럼 길을 나선다

나태와 안일과의 이별
노동 같은 땀이 좋아
높아도 푸른 산이 좋고
흘러도 끝없는 강이 좋아
바람 타는 구름처럼 길을 걷는다

고운 님도 만나야지
소주 한 잔 마실 친구는 어디쯤에 있나
도대체 시(詩)는 얼마나 더 걸어야 만날 수 있을까

고독도 친구하고
사색은 아예 어깨동무하고

낙엽이 바람에 날리듯
구름이 강물 타고 흐르듯
나의 인생
오늘도 걷는다.

고백(告白)

고백합니다
사우나 탕 안에서
그만 쉬를 해버렸습니다
수도 밸브가 나도 몰래 열려
수많은 손님들 알몸에
오줌을 묻히고 말았습니다

파렴치(破廉恥)에다
가끔 저지르는 상습범(常習犯)
볼기라도 맞아야 하지 않겠습니까

"너희들 중에 죄 없는 자 있거든
돌로 쳐라" 하셨으니
여러분 중에 누구라도
제 볼기나 따귀를 치십시오
참회하는 마음
기꺼이 매를 맞겠습니다

병원에서도 모르는 병

혹시 병명을 아시는 분
알려 주시면 감사하겠습니다.

할아버지 고목

어느 곳
어느 숲에나
할아버지 나무
고목(古木)이 있다

세월의 무게를 이기지 못해
서 있어도 금방 쓰러져 내릴듯
밑둥치만 남았지만
어디로 물기가 오르는지
새파란 잎도 돋는다

일흔이 되면, 누구나 고목
무슨 짓을 해도 어긋남이 없다고

일흔이 되어서야
부끄럽지 않은 인생을 살 수 있다고

일흔을 넘겨야
여자를 잊어 자유로울 수도 있다고
손자놈 국어책 읽듯

또렷 또렷이 알고 있지만

여든을 하나둘 남긴 주제에
미천하여 자랑할 것도 없고
지금까지 통달(通達)하지도 못하고
탐욕도 버리지 못한 것이
답답하고 부끄럽기만 한데

그래도
크고 작은 나무들 정겨운 숲에서
감사하는 마음
기도하는 마음으로

한 그루 당당한 고목처럼
반듯이 살아 있으니……

고목이여
잎을 피워 푸르러라
꽃도 피워 아름다워라.

아침인사

"좋은 아침!"
눈뜨면 옆자리
아내, 그 반달 눈썹에 인사하고
엘리베이터 내려서며 문명에 감사하고
남강변 걸으며 산하에 인사하고

"안녕하십니까"
콜록콜록 해소기침
나보다 어린 옆동 할아버지에 인사하고
김교수 곽여사 정군……
만나는 사람 모두 모두 안녕하고

"굿모닝!"
빛을 잃어가는 달님에도 인사하고
밝아오는 동녘 하늘에도 감사하고
이슬 머금은 이름 모를 꽃에도
푸르런 대자연 꿈꾸듯 잠든 가로수에도
새소리, 바람소리, 흘러가는 구름에도
눈웃음 즐겁게 인사하고

콧노래 흥얼흥얼
땀방울에 신나고 즐거운 아침
찬란하게 솟는 햇님에 감사하고
야채즙 한 잔 준비한 아내에게도 감사하고

무더위, 삼복더위가 무슨 상관이람
즐거움과 자신감 가득
오늘도 즐거운 아침
새벽 걷기가 그 답이다.

한 세월이 흘러
—원로방 10년의 회고

한 세월이 흘러
산천도 변하고
문명은 달려가고
세상은 시끄러워지고
나도 별수없이 늙어
왕주름은 작대기 다섯이 되었구나

그래도
아직 내가 즐거운 것은
눈썹달 고운 할머니가 옆에 있고
술맛난다는 친구들도 있고
아직은 산 오르는 열정도 있고
시(詩)라는 곱고 참한 연인도 생기고
노년의 기쁨조 디지탈도 배워 함께 있으니

나이가 무슨 상관
내가 왜 외로워야 하는가
내가 왜 슬퍼해야 하는가
부끄럼 하나 없으니 좋고

욕심 하나 없으니 좋은데
이처럼 즐거우면 되느니
이대로 건강하면 되느니.

자화상

가진 놈이 으뜸인 세상에
무엇 하나 모으지 못하고
100장 묶음 한 번 써보지 못했지만
잘난 놈이 최고라는 세상에
바보처럼 숙이고 살면서
스스로 낮추어 들풀처럼 살았지만

그래도
실패하지 않으리
쓰러지지 않으리
목이 잘려도 자라는 쑥부쟁이처럼
끈질기게 땀 흘리며 살았으니

지금
무엇 하나 자랑할 것 없지만
하늘 아래 부끄럼 없으니
실패하지 않는 데 성공한 사람
부끄럽지 않는 데 성공한 사람
대머리 왕주름에 구겨진 얼굴이라 해도

아직은 팔팔하게 살아남아 즐거우니

이것도 하나의 성공이 아닌지
이만해도 자랑스런 인생이 아닌지…….

달〔月〕

어머니
아버지 찾아
달나라 가셨다

나는
어머니 보고파
달님만 쳐다본다

어머니
고운 어머니가
웃고 계신다

나도
어머니 만나러
달나라 갈 것이다.

어머니

서울 가는 밤 버스 창문에
하늘 가신 어머니
달님이 따라온다

덕천강 따라 원지 산청 지나면서
지리산 그늘에 숨었다 나타났다
무주라 육십령 덕유산을 넘어면서도
아름다운 산 그림자 위를 날으듯 따르다가
터널 속으로 내가 숨으면
술래가 되어 나를 찾아 살피고
대전 신탄진 아파트 꽃 같은 야경 위로
바람 타고 흐르다가
날개 단 선녀처럼 구름 타고 흐르다가
안성 어디쯤에서
먹구름 만나 홀연히 사라져 버린다

서울의 딸아이 집
곤히 잠자리에 누웠는데
포근한 달빛 한 줄기
아— 어머니.

2

탐욕도 버리고 아집도 버리고

달집 태우기

사람들 모여
큰 불 질러놓고
춤추고 노래하며
달님을 우러른다

건강하게 하소서!
편안하게 하소서!

풍년이게 하소서!
통일이게 하소서!

누구나 기원한다
두 손 모아 소원한다

근심 걱정 모든 액운
다 가져 가시고

훨훨훨 타소서!
훨훨훨 태우소서!

몰입(沒入)

되고 싶은 것 아니고
하고 싶은 것
갖고 싶은 것도 아니고
알고 싶은 것

불덩이로 흐르는 용암
나도 타버리고 싶다.

강이 아름다운 것은

강이
흐르는 것은
끝없는 세월
구름 따라 흐르기 때문이다

강이
푸르고 고운 것은
높고 푸른 산
그림자 가슴에 안고 사랑하기 때문이다

강이
은혜로운 것은
저 넓은 들판 생명들 키우면서
아낌없이 나누고 베풀기 때문이다

강을 따라 사는 사람들
우리가 곱고 행복한 것은
물길이 천리를 흐르면서도
푸르고 아름답기 때문이다

스스로 고운 물결로
우리들 가슴에 흐르기 때문이다.

자전거

동그라미 두 개가 굴러간다
앞 동그라미 미친 듯 달려가고
뒷 동그라미 죽을 듯 뒤따른다

해는 우주의 중심에 떠 있고
나는 지구의 중심에 앉아
동그라미를 타고
동그라미를 등에 지고
자전하고 공전한다

구르는 것은 동그라미뿐이 아니다
세상의 길들이 어지럽게 생겨나고
우리들 삶도 동그라미가 되어
물처럼 흐르는 건 인생이고
바람처럼 스치는 건 세월이다
지나쳐 버린 꽃동산은 청춘이라 한다

되돌아오는 길은 언제나 내리막길
브레이크도 없는데

해는 서산마루 벌써 황혼이다

동그라미 두 개가 굴러간다
세월은 공전하며 밀려가고
인생은 어쩌지 못해 끌려간다.

잠시, 우리도

잠시
우리도
그날, 그 성벽 처절한 싸움터의
용맹스런 군졸이 되어 보아야 한다

그들의 함성
역사가 되어
충절을 말하고
치욕을 증언하며
목이 터지게 외치고 있는데

강물이 저리 곱다고
꽃동산을 이루어 저리 홍겹다고
우리들, 강에 기대어 살면서
술이나 취해 비틀거려서야 되겠느냐

우리
잠시 옷깃이라도 여미고
님들의 피맺힌 절규
가슴에 새겨야 하지 않는가.

하나의 소망

하나여야 한다
하나라야 이루어진다

여러 개,
여러 가지는 다 욕심이다

정성으로
만들고 기도하며

불 밝힌 등(燈) 하나
하나의 소망으로 띄워라

가볍게 흘러가게
짐 하나만 실어라

튼튼함이 으뜸이니
물결 타고 저 푸른 바다로 가게

하나의 소망
뜨거운 정성으로 띄워라.

꽃밭에서

어느 꽃 축제장
꽃이 벌판 가득 저들끼리 즐거운데
그 가운데서 쉬가 마려웠다

여든 노인의 조급과 몰염치가
꽃밭 속으로 숨어들어
조심스레 지퍼를 내렸다

아— 그런데
꽃들이 웃고 있었다
얼굴 붉히며 얼른 숨겼는데
백만 송이 꽃
꽃들도 빨간 얼굴로 수줍어 웃고 있었다.

딱 한 번

딱 한 번
아찔하고 짜릿한 만남
언제나 처음엔 딱 한 번으로 설레지만
그 선을 넘으면 뱃길 열리듯
두 번 세 번이 되고 밤낮이 없던 걸

로맨스라고 우기며
누구나 가슴에 그리움 안고 살지만
탐욕에서 벗어나지 못하면
난봉꾼 카사노바라고 별 수 있나
아무리 미끈하고 화끈하다 해도
끝내 비실거리다 먼저 가느니

딱 한 번은
비록 딱 한 번이라도
아내 사랑이 으뜸
구수하고 변치않는 된장맛이 제일이다.

인생, 이렇게 살아라

사람은 인간답게

항상 겸손하고
때로는 당당하게

엄마처럼 성실하게
아빠처럼 땀흘리며
선생님처럼 친절하고 자상하게

알아도 다 아는 척 뽐내지 말고
가져도 혼자 가진 척 으시대지 말고
잘나도 으뜸인 듯 나서 자랑치 말고
보고도 가끔은 못 본 척 눈 감기도 하면서

불같이 뜨거운 열정으로
아름다운 사랑으로
향기로운 마음으로

땀흘리는 노동

배우는 즐거움에

열심히 살면 된다.

똥

기분 좋은 하직
즐거운 이별도 있다

이빨에 씹히고
위액에 삭아서
꾸불꾸불 암흑의 미로를 돌아서
줄 것 아낌없이 다 주고
빼앗길 것 다 빼앗기고
더러운 찌꺼기라는 누명을 쓰고
 컨베이어 벨트에 강제로 실려가다
괄약근 발길에 차여
나락으로 떨어진다

추락의 순간
소중한 육신이던 것
피와 살, 체중이던 것
아낌없이 버리면서
근심으로 부터 구원을 얻고
평화의 순간

짜릿한 쾌감도 즐기면서
해방의 만세를 부른다

우주 생명의 시작
곰삭은 고향의 냄새
윤희와 재탄생의 변신을 즐기면서
비로소 너는 위대한 이름을 얻는다

똥
누가
더럽다 하는가
누가
구리다 코를 막고 도망가는가

가장 쉬운 이야기
우리들의 삶은
먹는 기쁨과 싸는 즐거움
똥이 그 해답이다.

공짜로 행복해지는 방법

친구야
꽃피는 봄날에는
그 고운 꽃들이
나를 위해 피었다 생각해 보렴
얼마나 즐겁고 행복한 일인가

사랑하는 사람아
우리가 서로 만난 것도
나를 위한 하늘의 뜻이라고 생각해 보면
한 세상을 얻는 듯
우리들 사랑이 더 즐겁지 않겠는가

너를 위해 내가
나를 위해 네가
아름다울 수 있고
고운 마음이 된다면
우리가 무엇을 부러워 하겠는가

친구야

사랑하는 사람아
이제는 꽃이 지더라도
슬퍼 말고 기쁜 마음으로
다시 만나는 봄을 기다려야 한다
이별이 꼭 슬프지만은 않으니 말이다.

바퀴벌레

어쩔 수 없다
언제부터였는지도 모른다
싫지만 피할 수도 없다
평생을 함께 산다
한 지붕 아래 원수로 산다

허락없이 슬그머니 숨어들더니
별거하고 싶어도 듣지않고
죽여버려야겠다는 증오감에
죽이고 또 죽여도 죽지도 않는다

더듬이가 길어서 눈치 빠르고
발이 빨라 잡을 수도 없다
밤이면 암약하던 빨치산
밀림에 숨어 살던 베트콩
놈들은 절대 전멸되지 않는 재주도 가졌다

밤은 놈들 세상
나훈아 홍겨운 노래에

산해진미 다 훔쳐 먹고
내 사랑의 밀어는 포르노 역할
놈들은 신이 나서 짝짓기를 한다
놈들은 나보다 더 즐겁고
나보다 더 풍족하고 행복하다

그러나 어쩌랴
이제는 헤어질 수도 없는 것
죽어라 저주하면서도
어쩌지 못해 함께 사는
나의 동거자.

커피

검은 유혹
찻잔 속 작은 심해의 매력
너의 묵언(默言) 그 속삭임이 좋아
맛에 취해, 향에 취해
자꾸만 그리워한다

천사의 미소
순수한 보조개의 눈웃음
물랑루주* 캉캉춤 추던 아가씨의 빨간 입술
달콤한 입맞춤에
빠져들고 싶다

너와의 만남
따뜻한 체온이 있고
어쩌면 철학이라는 대화도 있고
이별을 예고하는 사랑도 있는데

삶의 향기
낭만과 우수(憂愁)가 좋은 하루

오늘은
또 고운 사람 누구를 만나
차 한 잔 나눌까.

* 파리의 유명한 무용단.

사진 한 장

현재의 증명사진
흘러간 시간의 알리바이
사람들은
인생이 즐겁다 미화하며
차려입고 포즈를 잡는다

그때
그 자리
그 사람
존재하는 것들의 좌표
만나는 것들의 현주소

사람들은
오늘의 역사를 기록하고
과거로 추억하기 위해
순간과 모습을 간직하려 셔터를 누른다

모든 실체는
잊혀지고 사라지지만

남은 건 이것
사진 한 장
인화된 시간

사진 속 자신을 바라보며
행복하였노라 추억하는 것은
가슴 저미는 허허로움 속에
저녁 땅거미가 지면
외롭게 먼 길 떠나야 하지만

아직은 조금 남은
연착된 열차의 시간표 때문이다.

낙화(落花)

아름답더니
향기롭더니

이별
아픔일 뿐이다

님아
우리는
떨어지지 말자.

곶감論*

달고 맛나는 것
다 먹고나면 없는 것
한 몫에 많이는 말고
매일 하나씩 하나씩
내년에도 먹고
10년 후에도 먹고
이 세상 끝나는 날까지
조금씩 조금씩
달고 맛나게
먹었으면 좋겠다.

* 남사의 정력은 유한해서 곳간의 곶감처럼 다 먹고나면 고갈되어 버린다는 이론. 마셔도 마셔도 마르지 않는다는 샘물論의 빈대 개념.

자랑할 것 없지만

자랑할 것 없지만
부끄러운 것도 없고
그저 하루하루 행복하니
이것도 즐거움 아닌지

크고 높은 것 부럽지 않고
많고 별난 것 욕심 없으니
그저 홀가분한 인생
이것도 기쁨 아닌지

고운 당신 옆에 있고
아이들 꿈나무처럼 잘 자라
노래하며 즐거우니
이것도 행복이라 하겠지

인생사 별것 아니다
겸손하면 되느니
좀 낮추고 살면 되느니
스스로 만족하면 되느니

나를 버리고 살면 되느니
친구들 몇 있어 술잔 나누며 살면 되느니.

대리운전

술에 취해도 괜찮다며
기분좋게 즐겨 마시더니
밤 깊어 졸린다 해도
대리운전이 있으니 걱정이 없단다

BMW를 타고 다닌다고
거드름 피우며
기계문명의 편리와 안락을 즐기면서
애마부인(愛馬婦人)처럼
드라이브에 좋다고, 승차감이 그만이라고
무슨 보물처럼 아끼고 자랑터니
이제는 우쭐해하며 과시하기도 한다

아, 그래 좋은 세상
차도 좋고 돈도 좋고 술도 좋고
애마 같은 여자에 기분도 좋고
몽롱한 기분에 흥겨운 음악도 좋은데

어둠 속의 간판들

여기도 모텔 저기도 모텔
대신 운전하는 남자 여자 대환영이라며
네온사인 깜박깜박 윙크하는데
집으로 갈까 저리로 들어갈까 행복한 고민이다

—어디로 모실까요?
대리운전 기사의 묻는 말에
순간, 정신이 번쩍 들면서
우리 집 애마, 내 사랑하는 사람
혹시 누가 대신 운전하고 있지는 않는가?
하는 의구심에 술이 확 깬다

—여보, 지금 뭐해?
—친구 만나고 있어요
—어느 친구? 누구?
—당신은 모르는 친구예요
—거기 어딘데? 지금
—대리운전해서 이제 집에 왔어요. 당신은 어디……?
—응, 나도 고속도로 대리운전 중이야

—당신, 거기 모텔 아녀요?

오늘밤은 왜일까
달도 밝고 별들이 고운데
떫은 감을 씹은 듯
대화가 마음을 어둡게 하며
대리운전이 통 즐겁지만은 않다
허긴 대신운전이 죄가 아니라니
쌍방 의심과 불신의 동거
바야흐로 세상은 요지경 속이다.

아파트

너의 방바닥은 나의 지붕이고
나의 방바닥은 또 다른 너의 지붕이다

방바닥과 지붕 사이
지붕과 방바닥 사이
땅 한 평 설 땅도 없다

문패도 없는 10층 위의 누적된 공간
눈 마주칠 이웃도
인정 나눌 친구도 없이
흰구름 흘러가다 쉬는 곳
푸른 뒷산이 있을 뿐

솜이불 같은 휴식이 있고
아이들 웃음처럼 두 늙은이 사랑도 있어
삶이라 아침마다 꿈 안고 떠나고
산새처럼 보금자리 찾아드는
서른두 평 나의 하늘
우리들의 가난한 궁전.

선생님, 밥만 먹고 어찌 삽니까?

—선생님
밥만 먹고 어찌 삽니까?

왁자지껄 회식이 끝난 자리
한 사람 두 사람 동행에서 흩어지고
속눈썹에 마스카라
아가씨 같은 K여사는 팔장을 끼고
사방을 두리번거리며 무얼 찾는다
저만치서 모텔 간판이 손짓을 한다

소주 반 병에 취한 욕구들
일흔 고개를 넘고 보니
그 색깔이 보인다

—맞습니다
밥만 축내고 살아선 안됩니다
책도 읽어야 하고
여행도 다녀야 합니다
물론 사랑도 해야 하지만……

오늘은 별빛이 고운데
낙엽이 뚝뚝 떨어져 가을도 깊은데
어디서 색소폰의 흥겨운 가락
가슴은 흥겹지만
돌과 보석의 차이
그 값, 품위와 인격이 보인다

탐욕은 뜨거운 유혹이지만
지성은 차겁고 즐거운 충만이라던가.

3
여든 즈음, 그래도 즐거운 것은

꽃은

꽃은
울지 않는다
성낼 줄도 모른다

꽃이
고운 얼굴
아름다운 것은
웃을 줄밖에 모르기 때문이다.

사랑하는 사람아

우리가
함께한 자리, 술잔
술잔 마주치며 다짐한 말들, 건강
"건강을 위하여!", 사랑
"사랑을 위하여!", 바람
이것밖에 무엇 더 있었느냐

우리
우리가 먼 길 떠나는 날, 이별
마지막 함께하는 것들, 가족
사랑하는 사람들과 아이들, 슬픔
그들의 눈물과 아픔, 그 외
또 무엇이 있을 것인가

당신
사랑하는 사람아, 그리움
보고플 때 그립다 하고, 사랑
곁에 있을 때 사랑한다 말하자, 우리
후회하기엔 인생이 너무 짧다, 결코
가슴 치며 우는 바보는 되지 말자.

기도

—세월호 참사를 보고

성당의 십자가도 눈물 젖었고
교회당 첨탑도 머리를 숙였고
절마다 독경 소리 끊이지 않습니다

기도하는 마음
간구하는 마음
기적을 주소서
구원을 주소서
다시는 이 땅에 이런 비극 없게 하소서

내 탓
내가 죄인입니다
우리 탓
이 땅에 사는 모두가 공범입니다

나를 벌하시고
우리를 회초리 치시고
우리들 갈 길을 인도하소서!

그리고
이제는 울음을 멈추고
새 출발
새 마음으로 떨치고 나서게 하소서!

해는 다시 뜨고
우리는 일어서야 합니다
슬픔을 이기고 앞으로 나가야 합니다

슬기롭게 이겨나가게 하소서!
슬픔도 분노도 참고 헤쳐 가게 하소서!

인연(因緣)

인(因)과 연(緣)의 만남
이것이 있으니 저것이 있고
당신이 있으니 내가 있고
하늘이 있으니 땅이 있는 것이다

옷깃을 스친 사람
웃음 한 번 나눈 사람
모두모두 고운 인연
아름답게 지니고 가야 한다
그 중에서도
수십 생(生)의 인연이라는 부부간의 사랑
당신이 인(因)이면
나는 연(緣)인데
두 손을 모아야 정(情)이 생기느니
서로 정성을 다해 사랑하며 살 일인데

행여 내뱉는
미운 말 한 마디는
그냥 사라지지 않고

어디론가 날아가 아무리 기름진 땅이라 해도
꽃도 피지 못하는 독초가 된다

우리가 나누는
고운 마음 한 조각
그냥 끝나는 게 아니다
어느 곳 어느 자리 끝인 듯해도
꽃이 피고 열매 맺어 즐거움을 준다

꽃을 사랑한다 하면서
물을 주지 않는 사람은
가슴속에 독초를 키우는 사람이다

꽃에는 물을……
아내에겐 사랑을……

사람의 향기

확실히 사람에게도 향기가 있다

역겨운 사람의 악취
졸부들, 침 튀긴 세균덩어리의 돈 냄새
거드름부리는 권력의 위세
여자의 호르몬 냄새 같은 분 냄새도 있으니 말이다

반면에 순수한 사람 냄새도 있지 않느냐
땅을 일구는 농부의 흙 냄새
머리를 깨쳐주려는 선생님의 열성
베풀고 나누려는 봉사의 마음
열심히 사는 사람들의 땀내음
이 모두가 사람의 향기이지 않느냐

서권기 문자향(書卷氣 文字香)
책에서 얻는 싱그러움과 글에서 풍기는 향그러움
시인에게서 그 냄새를 맡는다
글자와 책이 전하는 학문의 냄새
교양과 지성, 거기다 덕망의 향기

그 눈빛, 기품도 당당하지 않든가

친구야 책을 읽어라
꿈과 즐거움이 너의 것이 되리니
사랑하는 사람아
당신은 시집를 읽어라
당신은 다시 향그런 소녀가 될 것이다
꽃향기 풍기는 꽃송이 같은.

그곳에

세상의 이치가 그곳에 있다

치마 속
다리와 다리 사이
좌청룡 우백호 흘러내려 만나는 곳
아름다운 숲이 있고
향긋한 연못도 있고
신비한 마력(魔力)도 있어
누구나 꿈꾸며 그리워한다
누구나 쉬면서 잠들고 싶어한다

은밀한 손길이 닿고
짜릿한 밀어가 속삭여지고
격렬한 포옹에
때로는 폭우처럼 포탄이 쏟아지는
생존의 치열한 육박전의 격전지가 되기도 한다

애증(愛憎)의 현장
모두들 그곳에서 죽고 말지만

누구나 한 번 더 죽고 싶어한다

그곳은
다리와 다리 사이
조물주가 점지한 명당
즐겁게 살고 죽는 사랑의 의미
우리들 삶의 이치가 그곳에 있다.

정상(頂上)

저 창공에 우뚝선 곳
끝내 올라야 하는 곳
감격과 환희가 함께 있어
발 아래 조망을 즐기는 곳

꿈
이루어야 하지 않는가
이상
찬란한 삶의 가치가 아니든가
도전
땀과 인내는 생명의 맥박이다

때로는 주저앉아도
가끔 쓰러져 되돌아서도
가지 않고 오르지 않음은
포기와 패배
죽음의 나락으로 가는 것

아직은 늦지 않다

저 높은 곳
저 넓은 곳
깃발이 펄럭이지 않는가

한 발 한 걸음
꾸준히
뚜벅 뚜벅
힘겹게 오르면 닿는 곳이 정상이다.

얼마나 좋을까

죽고 사는 것
마음대로 할 수 있다면

가능하면
아내와 마지막 작별도 하고
친구라는 놈들과 소주도 한 잔 나누고
아이들, 꼬마들 불러 빠이 빠이 작별도 하고

가스, 수도는 잠그고
냉장고, 텔레비전도 끄고
가장 편리하고 조용한 순간에
콧구멍 같은 곳에 코드를 꽂고
마지막 숨쉬기를 끄면 되겠는데

왜
하나님은
그런 장치를 만들지 않으셨나

배꼽이나 가슴 어디에라도

나를 끌 수 있는 단추 하나 있었음……
웃으며 떠날 수 있는 그런 장치 하나 있었음…….

고스톱

여보
우리 각 방에서 남남이지 말고
당신의 짜증과 나의 투정이
낮 길어 땡볕더위 무더운 날에도
시원한 나무그늘, 공짜 바람 마시며
더하기 빼기, 산수 공부를 하자

여보
당신의 권태와 나의 무료(無聊)가
밤 길어 칼바람과 만나는 날에는
우리 멍하니 앉아 있지 말고
따뜻한 장판 위에 앉아
하나 둘 셋, 산수 공부를 하자

피 열두 장을 모으면 3점
당신이 이기면 내가 박수치고
광 석장이면 3점
내가 이기면 당신이 박수치고
이겨도 좋아 웃고, 져도 웃고

재미도 있고 묘미도 있고 스릴도 있어
우리들 인생도 이렇게 웃으며 살면 되느니

인생 여든 즈음에는
기쁘고 즐거워야 한다고
우리가 셋이면 친구끼리 좋고
당신과 둘이면 둘이라도 좋고
오가는 동전 몇 개는 하나의 방법일 뿐
게임이 즐겁고 하루가 즐거우면 되느니
과일 한 접시 옆에 놓고
구성진 유행가라도 틀어 놓고
덩실덩실 어깨춤에 노래도 흥얼거리며

여보
아직도 함께 있는 나의 동무여
치매가 무섭다지만 얼씬도 못하게
우리 즐거운 머리싸움 산수 공부를 하자.

꽃무릇

만나지 못하면 남이다
인사하지 못하고
손잡지 못하면
누구나 남이다

한몸으로 살면서
몸과 마음도 하나이면서
보지 못하고
만나지 못하는 아픔은
저주와 시기보다 더한 형벌이다

기다려 기다려도
만나지 못하고
그리워 그리워도
함께하지 못하고
말 한 마디 못한다면
아무리 속눈썹이 고와
누구보다 빼어나다 해도
누가 이를 서로 사랑한다 하겠는가

사랑하는 사람아
함께 있음도 은혜이고
함께 즐겨함도 축복인데
너 없이 나 혼자
나 없이 너 혼자
그런 외로움 말고
우리 손이라도 마주 잡고
아롱다롱 얼굴 마주하며 얽혀 살자.

스마트폰

아내가 괜히 화를 낸다
물어도 대답이 없더니
내 스마트폰을 뺏어서
창문을 열고 집어던지려 한다
—무슨 짓이야? 왜 그래?
—당신, 스마트폰 하고 살아욧!
아하, 그러고 보니 아내 얼굴 한 번 보지 않고
대화 한 마디도 없이 며칠이 지났구나

—응, 미안해요. 다시는 안 그럴께……
사과는 했지만 아내의 심술은 계속이고
옆자리에 앉지도 못하게 한다
궁리 끝에 택한 마지막 방법으로
아내에게도 스마트폰을 사 주었다

그런데 아뿔싸 그걸 몰랐네
넘지 못할 벽이 하나 더 생기고
건너지 못할 늪이 하나 더 생겨
사이는 낙동강 하구처럼 멀어졌다

—당신은 당신 애인하고 살아요
나는 내 애인하고 살면 돼요!

요즘
아내는 안방에서 살고
나는 거실에서 스마트폰하고 산다.

산과 여자

산을 여자와 닮았다는 사람이 있다
그리워하고
사랑하는 마음으로
오르는 기쁨
정복의 감격
설렘과 짜릿함도 같으니 말이다

탐스런 봉오리가 있드라
깊은 계곡의 비경도 있드라
속살 즐기며 오르는 스릴도 있어
산이 계곡마다 고운 꽃을 피우듯
여체의 곳곳이 샘물이고 꽃밭이듯
여자는 웃기만 해도 꽃이지 않든가
산은 푸르기만 해도 열정이지 않든가

백 번을 더 오른 산은 마누라 같다 하고
올라야 한다고 그립기만 한 산은 애인 같고
콧대 높은 스타 같아 꿈속에서라도
한 번 오르고 싶은 산은 귀부인을 닮았고

기진맥진 쓰러질 줄 알면서도
꼭 만나 올라보고 싶은 산은 요부를 닮아
아기자기 재미있는 명산이라고들 하는데

러너스 하이(runner's high)를 아는가
마라토너들의 무아(無我)의 순간
고통을 잊은 채 앞으로만 달리는 절정의 순간을……

그래
자신을 잊고 산을 올라
높은 곳에 우뚝 섰다면
너는 아름답게 사랑한 것이다
땀과 열정으로 뜨겁게 뜨겁게
세상의 어느 누구를 사랑한 것이다

산은 기쁨이고
산은 즐거움이고
산은 여자를 닮았다는 생각이다.

어떤 행복論
―박동규 강연회에서

시인(詩人) 박목월(1916년~1978년)의 장남인 박동규 서울대 교수는 아버지와 어머니(유익순)를 회상하기를, 6·25전쟁 때 아버지는 사흘만 기다리라는 말을 남기고 한강교 타고 혼자 남으로 가버리고 어머니는 올망졸망 다섯 남매 치마폭에 숨기고 붉은 세상 서울에서 죽음같이 엎드려 연명하는데 그 무서운 B―29 융단폭격 불지옥 때는 옴팍한 구댕이에 다섯 새끼 몰아넣고 당신은 방공호 뚜껑이 되어 내 자식 하나도 내어줄 수 없다는 기도와 신념으로 살아오셨고 옷가지 쇠붙이로 죽이라도 쑤어야 한다면서 시장바닥에 앉았다가 얼굴은 새까맣게 탔지만 한평생 가난이야 운명이라 여기고 늘품 없는 서생 시(詩)밖에 쓸 줄 모르는 지아비지만 한마디 불평없이 남편 섬겨온 것은 그래도 대한민국이 알아주는 시인(詩人)의 아내이며 대학교 교수의 여자라서 밤새워 쓴 시를 처음 읽는 긍지와 자부심이 또 행복이라는 이름으로 가슴에 피어 있었기 때문인데 종교 같은 희생은 오히려 기쁨이 되고 인고(忍苦)의 세월도 이기고 보면 다 즐거움이라 박목월도 착한 아내 둔 감사에다 자라나는 동규와 아이들 지켜보며 꿈을 지닌 행복에 인생을 즐기다 가셨으니 어머니는 아버지의 문학 덕분에 행복했고 아버지는 어머니의 소박한 사랑에 취해 행복했고 그 아버지 어머니를 인연으로 모신 박동규 또한 옛날을 이야기하며 행복하고 이야기를 듣는 300여 명 청중 진주시민도 감동해 박수치며 행복하고 그 중에 나도 한 사람 찔끔 눈물이 솟아 이 글을 아니 쓰고는 못 견딜 만큼 행복하니 이 글을 읽는 사람들도 누구라고 아니 행복하다 할 것인가.

회춘(回春)

이틀이나 사흘쯤 온천에 가서
꽃이나 꺾고 놀자는 꼬임에
우리 집 꽃은 어쩌라고 했더니
에라 이 바보, 병신 같은 놈아 하면서 통화는 끊겼다

쓰러진 고목에도 물이 오르고
황진이 눈썹 같은 잎이 돋는 계절에
색다른 불장난에 재미야 있겠지만
산전수전(山戰水戰) 다 겪은 노병이
아무것도 못하는 채
엎드려 살면 되는데
셋방살이 신혼 그때처럼
손도 잡고 가슴에 안기도 하면서
툭사바리 된장맛이 으뜸이라 여기며
정든 얼굴 하나 보고 살면 되는데

무슨 힘 있다가 없다 하는지
잃은 것도 없는데 무얼 찾아야 한다고
저놈들이 날 병신 바보라 하는지

야 이놈들 !
진짜 바보 같은 놈들아 !
너희는 그게 좋으면
녹슨 발동기 시동이나 걸어 봐라
나는 내일
고운 님 손잡고 천왕봉 갈란다.

동창회

집에 돌아온 할머니 심통이 사납다
찍어 바르고 차려입고 광내고 갔는데
동창들 사이에 무슨 일이 있었을까

—왜 그래, 무슨 일 있었어?
—아무 일도 아녜요
—그럼, 왜 그래?
—아무 일도 아니라니까요
문이 부서지게 닫고 안방으로 간다
—왜, 당신보다 더 비싼 밍크 코트……?
—아니라니까
—그럼, 당신보다 더 큰 다이아 반지……?
—시끄러워요, 아니라잖아요
—그럼 도대체 뭐여! 말을 해야 알지?
—싫어! 말하기 싫어!
할머니는 다시 거실로 나가 냉수를 벌컥벌컥 마신다
심상찮은 기세에 눌려 할아버지는 눈치만 살핀다
대화는 어디로 가버리고
숨도 쉬지 않고 죽은 듯……

밤은 어둡고 길었다

다음날
할아버지는 할멈의 친구인 박여사를 찾아갔다
—도대체 동창회에서 무슨 일이 있었나요?
—왜요, 그 애 또 뭐라 그래요.
그저 잘 먹고 웃고 놀았는데……
참, '할배와 같이 사는 사람, 영감과 같이 자는 사람 너뿐이네
아이 부러워라' 하는 농담에 모두 박수치며 웃은 일이
있었지예,
그것뿐이에요. ㅎㅎㅎ
—뭐라꼬? 아
순간 할아버지는 피가 거꾸로 솟아
그 자리에 픽 쓰러지고 말았다

왕주름에 하얀 머리를 덮고 살아도
함께 있음은 축복이고 은혜인데
이를 모르다니……
이를 감사하지 않다니…….

4

그곳에 내가 있었다

남강에서

가슴 아픈 사랑 하나 있거든
진주 남강 푸른 물결에
두 손 모으고
등 하나 띄우렴

강도 그리움 있지만
산을 안지 못하고
소망하고
기도하는 마음
흘러 천리 바다에 닿으면
넘실넘실 물결이 되고 파도가 되어
어느 해변 어느 암벽에
포말로 울부짖고 가는 것을……

기다림과 그리움 있거든
이루고 싶은 소망 하나 있거든
고운 정성으로
촛불 하나 밝히고

진주 남강 푸른 물에
등 하나 띄우렴.

현재진행형

인생
살얼음 위 걷기
그 아픔과 슬픔의 무게
현재진행형이다

사랑
한 여인을 만나
함께 만드는 꽃밭
아직 현재진행형이다

산
오르고 싶은 열정
나 자신과의 힘겨운 싸움
이것도 현재진행형이다

돈뿐이던 놈들 다 가버리고
욕망이던 놈들 먼저 가버려도
지금 이 순간
콧노래 흥얼거리며

그냥 즐거우면 되고
조금 젊게 살면 되는데

시(詩)
또 하나 아름다운 노래
서정의 깃발 높이 들고

끝나지 않는 현재진행형
나는 오늘도 붓방아를 찧고 있다.

치과에서

팔 다리 결박당해 누웠다
남산동 지하실*
공포의 전류가 흐른다

마취제 한 방
찢어진 입 사이로 칼이 드나들고
사각사각 드릴로 깎아내고
땅땅땅 망치로 두드리고
드라이버는 구멍 뚫고
네 죄를 네가 알렸다, 이래도 자백치 않을래
내 영혼의 바닥에 파이프를 박으며
문초는 계속된다

내 삶의 부끄러운 악취와 파편들
폐기물 덤프로 내뱉으며
살려주십시요, 제가 잘못했습니다
처절한 아우성과 후회
나는 사슴새끼 눈물 고인 목소리로 기도를 한다

나는 오늘 식탐의 죄를 자백하고
결박과 구속에서 자유를 얻었고
또 한 번의 맹세를 했다

감사합니다
정말 감사합니다

달콤한 미각
미뢰*는 식도락이 즐겁다 해도
나는 치통 없는 식탁을 꿈꾼다.

* 중앙정보부 시절의 고문실.
* 혀 표면에 있는 맛을 구분하는 조직.

정상에 서서도

탁트인 조망
하늘 아래 높은 곳

올라야 하기에
밟고 서는 기쁨이 있기에
사람들은 위로만 오른다

그러나 어디
땀만으로 되드냐
꿈만으로 되드냐

정상은 저긴데
돌아서기도 하고
쓰러지기도 한다

된비알 어느 오르막
주저앉은 사람들
눈물짓는 사람들
열심히 산 인생

지금 그 자리도 정상이고
저기 그 옆자리도 정상인데
정상에 서서도 정상임을 모른다

인생
즐거우면 되고
작아도 만족하면 되는데

아— 사람들은
정상에 서서도
정상임을 알지 못한다.

대상포진(帶狀疱疹)

설마 나일까 했는데
나는 아니라고 믿었는데
탐욕과 과욕의 부채(負債)
그놈의 피로 때문이다

별 수 없이 아픔에 굴복
살려 주십시오, 비명만 질렀다

송곳으로 찌르다
회칼로 난도질하다
심지폭탄으로 머리를 박살내며
이틀 밤낮으로 고문은 계속되었다

하나님
왜 이러십니까
저는 죄가 없습니다
그저 산이 좋아 매일 오른 것뿐입니다
겸손치 못하고 자제치 못한 것이 죄라면
차라리 저를 죽여 주십시오

향변과 애원의 순간들
냉온탕을 오가듯 식은땀만 흘렸다

시간이 약이었을까
기진맥진 탈진한 순간에
용서가 이루어졌는지
악마와 결별하고 고통의 터널을 벗어났다

“너무 착해서 지옥 문턱에서 쫓겨났다”
“아니, 죄 많은 놈이라 천국 계단에서 발길에 차였다”
친구들 농담에 한동안 귀도 아팠다

오, 하느님!
천국이 좋다지만
저는 이승이 더 좋습니다
지옥? 지옥이 무섭다 하시니
지금부터는 정말 착하게 열심히 살겠습니다
아멘.

해신당공원*

모두 벗었다
별 수 없이 나도 벗었다

어느 소도시
목욕탕 굴뚝 같은 심볼들
우뚝우뚝 섰다

전설 속 처녀는 행복하다
바다는 잔잔한 미소
언제나 만선(滿船)
어촌은 잔칫집 노래가 즐겁다

어머 멋져!
거시기 타고 앉은 김여사
치마끈 풀린 줄도 모른다
그래 모두 벗었는데
당신이라고 숨길 게 무어람

태초의 몸짓

우람한 사랑의 만년필
누구나 한 마리 짐승이 되어
눈빛 고운 사람에게 윙크를 한다

아! 발기가 즐거운 오후
나 오늘 여인의 속눈썹에 입맞춤하고
어지럽게 낙서를 한다.

* 강원도 삼척시 원덕면 동해안 소재 남근 숭배 민속마을의 남근조형 관광공원.

금대암* 에서

우뚝 솟아 정상이라 해도
혼자서는 산일 수 없다
산 위에 산 있고
산 아래 산 있지만
혼자서는 설 수 없는 운명이다

산은 언제나 그 자리
둘이지 않고 셋이지 않고
오직 하나로 함께 있다
뽐내지 않으며
군림하지 않으며
수백 수천의 작고 낮은 봉우리
어깨를 나란히 품에 안고
비바람 억세게 푸르럼 키우며
싱그러운 표정으로 솟아 있다

중봉, 천왕봉, 제석봉, 반야봉, 촛대봉, 영신봉……

산은 함께 어울려 큰 산이 된다.

* 경남 함양군 마천면 가홍리에 있는 지리산 뒷쪽 아름다운 봉우리들을 볼 수 있는 조망대.

마애사 마애불*(磨崖寺 磨崖佛)

웃고 계셨다
비에 젖은 몸 말리며
부처님도 웃고 계셨다

방어산 된비알 오르다
비를 만나
땀에 젖고 비에 젖어
마애불
약사3존불입상 앞에 섰다

'비가 오는데
이렇게 찾아오다니
얼마나 고마운 일인가'

부처님이 반기시기에
나도 합장하며
큰 절을 올렸다

'날 만나러 온다고

흠뻑 젖었으니
너도 바보 나도 바보
우리가 닮지 않았느냐'

그 말씀 한 마디에
땀에 저린 나의 인생
그 아픔 그 번뇌 모두가 극락이 되었다.

* 함안군 군북면 방어산 마애사 800m 지점 산 중턱에 위치한 신라시대의 마애불.

영동선 승부역

하늘도 세 평
꽃밭도 세 평
마당도 세 평이라더니

첩첩 산에 묻혀서
봉오리들도 외로운 산 마을

봉화군 석포면 승부역은
셋방살이 신혼 그때처럼
하늘도 팔랑이는 손수건만하다

엄마 같은 간이역과
올망졸망 아이들 같은 집 다섯 채
그 앞으로 강물이 흐르고
출렁출렁 출렁다리는
보고만 있어도 몸이 어지럽고
콧구멍 다리에는 바람이 숨바꼭질하며 뛰어다닌다

빨간 이파리 몇 개가

까치밥 몇 개와 동무하는 감나무가 선
조그만 집 문간에서 주인을 찾으니
얼룩소 한 마리 음매하며 눈만 끔벅 인사하고
멀지 않은 숲에서 뻐꾹새 화답한다

곱게 썬 채나물이
삶은 고사리와 뒤엉켜서
반 뼘 남은 볕 아래 몸을 말리고
빨랫줄에 걸린 시래기가
한가로이 그네를 즐기고 있다
살랑살랑 낙엽 지며 풍경은 즐겁고
나그네들 눈시울에 잃어버린 고향이 그립다.

운주사(雲住寺)에 와서

아, 저 얼굴
깨어지고 부서져 슬픈……
아, 저 모습
맨발인 채 헐벗은……
눈, 코, 입이 없고 팔다리가 잘려도
아픈 줄 모르고 절망치 않는 표정
어쩌면 너의 모습, 나의 모습
우리 민초들의 얼굴 같은
부처님! 부처님!

높은 석대(石臺) 위에 계시지 않고
대리석 좋은 옷도 마다하시고
크다는 자랑도 당치않다 하시며
찌든 얼굴, 우리들 모습 그대로
똥장군 지시던 아버지의 모습으로
장작 패고 쌀가마니 지던 상처난 돌쇠의 얼굴로
언제나 작고 낮은 몸짓이다

좋은 것 다 버려두고

잡초들 이불처럼 자란 들판에서
바람도 할퀴고 가는 바위틈에
때로는 비틀거리면서도
부다가야의 석가모니 붓다님은
부서진 돌부처가 되어
네가 곧 부처라 하시고
자비와 사랑을 베풀라 하셨으니

여기 운주사에 와서
우리가 고운 사람이 되고
누구나 고마운 사람이 되는 것은
천불천탑(千佛千塔) 그 미소 그대로
부처님도 우리를 닮고
네가, 우리가 그를 닮아
같은 얼굴로 살아 있기 때문이다.

지산리 고분군(池山里 古墳群)에서

봉곳이 솟아 아름답드니
다붓이 솟아 정답드니
보아도 보아도 자꾸 눈길이 간다

대가야(大伽倻)의 숨결
지산리 고분군(池山里 古墳群)에 비가 내리는데
비명과 통곡이 들린다

석곽의 돌문이 닫히고
산채로 암장 되는 야만의 순간
암흑으로 추락하는 공포
울부짖는 분노와 비애
역사는 피나 눈물로 쓰여진 기록이다

마지막 바라본 하늘빛은
암흑, 아마 까만색이었을 것이다.
저승의 문턱을 넘으며 울부짖던 비명은
먹구름이 되고 뇌성이 되어
오늘도 산하를 할퀴고 있는 것이 아닐까

이승과 저승 사이
죽은 사람은 사그러진 뼈로 증언하고
산 사람은 울분이 가슴 아파 치를 떨면서
살아 있음은 곧 축복임을 알겠는데

비에 촉촉히 젖은 고분군
이런 곳이 저승이라면
두렵지만은 않겠다는 생각
나도 이런 자리 이런 곳
쓰러져 잠들었으면…….

* 경북 고령군 지산리 소재 대가야 왕족, 귀족의 무덤들.
200여 기(基)가 남아 있는데 순장(殉葬)의 역사를 볼 수 있다.

태백산 주목(朱木)

산이 좋아 산에 살더니
죽어서도 천 년
선 채로 미라가 되었다

칼바람 살을 후비고
눈보라 온몸을 후려쳐도
그 산하 꿋꿋이 지켰고
꺾이지 않는 기상으로
절망 같은 울음 울지도 않았다

삶과 죽음
두 세상을 산다 해도
세월이란 바람 같은 것
눈 깜짝 순간임을 알겠는데
구름 같은 허무임을 알겠는데

백 년도 못 살면서
영원을 살 것처럼 큰소리치는 사람아
여기 태백산 천재단에 올라

겨울 산 마주하고 우뚝한 주목을 보라

파란 하늘 위 높이 서 있어도
무엇 하나 자랑치 않고
다소곳이 겸손한 마음
그 분수와 침묵을 배워라

그리고
흘러버렸다 울기 전에
사랑하며 살아라
후회없는 인생을 즐겨라
아깝게도 우리는
백 년도 살지 못하느니…….

미천골 단풍

죽어도 좋다는 순간
죽었으면 하는 자리
누구나 그리며 산다
언제나 꿈꾸며 산다

설악산 그 동쪽
하얀 쌀뜨물이 흘렀다는
미천(米川)골 골짜기
빨래판 바윗길
혀 꼬부라진 산길 따라
다섯 빛깔 고운 터널 숲
속살 즐기며 걷는다

첩첩 산
우뚝한 봉오리들의 함성
온세상 태워버리겠다는 불길
들어오라
사랑하라
그리고 타버려라

산은 서로 휘감겨 몸부림치고
산새들 짝을 만나 즐거운데
아— 좋다, 죽어도 좋다
나도 산이 되고 아우성이 되어
고운 열정, 빠알간 불꽃으로
어느 누구의 사랑이었으면……

시샘바람 살랑
단풍잎 하나둘 떨어진다

아찔한 클라이맥스
미천골 골짜기선
누구나 잠시 죽지만
누구나 행복하다.

천왕봉에서

왜들
이곳에 올라
이곳만 정상이라 하는가

웅장한 자연
수많은 봉우리
거기도 정상인 것을……
저 아래 저기도 으뜸인 것을……

정상은 하나이지 않다
산마다 능선마다 정상이 있다

수천 수만의 봉우리
누구나 오르면 정상이다

그 산을 올라
인생을 즐겨라
그 정상은

오르는 사람
즐기는 사람의 것이다.

땅끝마을에서

1

땅끝에 시가 있다기에
전망대 아래로 뛰어내렸다

아, 거기 오세영도 있고 김지하도 있고
고은, 황동규, 송수권도
시가 되어 기다리고 있었다
행복한 순간
나 오늘 땅끝에 와서
시 한 편 읽고 바다 한 번 쳐다보고
바다 한 번 쳐다보고 시 한 편 천천히 읽고

꿈꾸는 사람에겐
즐거움이 있음을
시를 읽는 그 순간
시가 있어 행복함을 알았다.

2

땅끝은 끝이 아니더라
끝이 아니고 시작이더라
더 갈 수 없으면 돌아서면 된다

길은 어디에도 있고
새로운 땅, 파란 하늘이 열린다

묵묵히 먼 길 걸으며
보석 같은 소망 하나
왜 가슴에 품지 않는가
시가 있고 즐거움이 있는 길
왜 너는 그 길에 나서지 않는가.

오줌을 누다가

달려도 달려도 모래밭
끝없는 모래 세상이 사막이다

—이 세상에서 가장 큰 화장실입니다
대소변 마음대로 보고 오십시오
버스는 고비사막 가운데에서 멈춰 섰다

남자는 이쪽
여자는 저쪽
우리 일행 40명은 즐겁게 지퍼를 내린다

아하, 방법이 하나 있다
이 사막에 녹화사업을 해야지
관광객 몇 명으로 할 것이 아니라
중국인 14억을 모두 이곳에 불러
똥 오줌을 싸게 하면 어떨까

5억은 이쪽
5억은 저쪽

나머지 4억은 저 민둥산에 쉬를 하면
강이 생기고 영양이 생겨
풀이 돋고 나무가 자라지 않을까
땅이 비옥해지고
생명이 자라면서
녹화는 절로 되고 옥토가 탄생하는 것 아닐까

오줌을 갈기면서
잠시 동안의 백일몽
아— 역시 여행은 즐거운 것이다.

고비사막

출생신고도 없고
어느 누구 증언치 않지만
딱 보니 알겠다
미세먼지의 고향
황사의 출생지라는 것을

고비사막은 모래땅
생명을 거부하는 황무지
바람이 활개치는 무법천지
바람이 불면 머리가 깨진다는 속담도 있다

햇살만 따뜻해도
모래알들 부시시 잠이 깨고
달빛이 감미로워도
스스로 취해 비틀거리다
하품이라도 하며 기지개 켜면
침묵의 바다, 사막은 번쩍 눈을 뜬다

입김을 모으고

만 갈래 흐름을 만들어 세력을 키우다
동으로 동쪽으로 흐름을 만들어 태풍처럼 달리며
모두 쓸어버릴 듯 날려버릴 듯
자꾸만 푸른 하늘 동녘을 향해 질주한다

바람이 부는 날
이곳에서는 창문을 꼭 닫고
얼굴을 감싸고 방 안에서 사랑이나 할 일이다

행여 고비사막에선
고요한 아침에는
목이 가려워도 기침일랑 하지 마라

바람이 일면
모래가 날고 또 서풍이 불면서
노란 흙먼지
황사(黃沙)가 기류를 타고 바다를 건넌다.

까보다로까곶* 에서

길이 끝나는 곳에서
사람들은 절망한다
쉽게 절망하고 포기한다

길이 끝나는 곳에는
절망만이 있는 게 아닌데
희망도 함께 있음을 모를 뿐이다

주저앉은 사람에겐
절망은 끝이고 좌절이지만
희망하고 도전하는 사람에겐
깎아지른 절벽도 시련일 뿐
망망대해 그 높은 파도도 길이고 삶이다

나 오늘
대륙의 끝이라는 '하얀 바위' 위에 서서
이곳이 큰 바닷길의 시작이며
뱃길이 달리고 문명이 달린
인류역사의 길이었음을 본다

울고 있는 사람아
절망하고 포기한 사람아
길이 끝나는 곳에 새 길이 있음을 보라
그 길을 걸어야
자랑스런 길의 주인이 됨을……

꿈이 있고 열정이 있는 한
새 희망이 있음을 배워라
오늘의 역사, 오늘의 문명이
다 이 땅 끝에서 시작된 것임을 보아라.

* 유라시아 대륙의 서쪽 땅끝마을. 포르투갈의 신트라 서쪽에 위치하며 대서양의 시작점이 됨.

백두산을 올라

우리는
왜 우리 땅에 올라
우리 산을 보지 못하는가

하늘을 연 산
여기서 땅이 펼쳐진 산
한 겨레를 낳고
한 나라를 세운 산

우리에겐
하늘이고 땅이고 물이며
꿈이고 이상이며
꺾이지 않는 얼의 표상이다

장엄하고 신비롭고
성스럽고 아름답게
언제나 하늘 아래 우뚝하고
땅 위에 높이 솟아
대륙을 굽어보며

찬 서리 눈보라 다 이기고
겨레의 핏줄을 지켜 왔느니……
더럽히지 않는 배달의 혼을 지켜왔느니……

이곳 백두영봉에 올라
눈시울 뜨거워진 어진 백성들
복받치는 감격과 환희에
말을 잊지 못하고 두 손을 모은다

우리는
왜 하나이지 못하고
둘이 되어 싸우고 있는가
우리는
왜 먼 길을 돌고돌아
어렵게 남의 땅에 올라 우리 땅을 보는가

오늘
백두산에 오른 우리들의 기도는
재물도 아니고 탐욕도 아니고

오직 하나

단군 할아버님!
하나이게 하소서!
통일을 이루게 하소서!

| 해설 |

후문학파의 한 지점

| 작품해설 |

후문학파의 한 지점

강희근
(시인 · 한국문인협회 부이사장)

1

권우용(1937년—)시인은 '선인생— 후문학'의 한 지점을 보여준다. 첫 시집의 제목은 『여든 즈음, 그래도 즐거운 것은』이다. 선인생의 역정이 아름답게 여유롭게 표현되어 있다. 권 시인은 시를 전문적으로 쓴다는 생각을 하지 않고 노령의 일상을 부담없이 서정으로 접근하여 독자에게 삶의 후덕함을 드러내는 것을 시의 덕목으로 여긴다. 그 자체가 의미 있고 자기 관리의 지표로 삼는다. 읽기에 편한 노령의 지혜와 긍정과 함께 함의 깊이 있는 체현의 세계를 드러내 보인다.

필자는 이런 시의 세계를 후문학파의 한 지점에서 볼 수 있는 것으로 인정한다. 권 시인은 오늘날 늦게 인생의 후반에 들어 문학의 불꽃을 태우는 많은 문인군의 일원으로, 나름 넉넉한 문학의 자장에 한 발 들여놓고 산행을 즐기고 노인 인터넷학교를 오가고 가족의 단란함에 어엿한 기둥으로 생활한다. 착한 할아버지요 좋은 이웃의 어른이기에 모자람이 없다. 시는 그에게 하나의 의관과 같은 것이라 할 수 있다.

2

후문학파에 속하는 시인은 대체로 추억의 세계를 보여준다. 권 시인의 추억은 가난한 농촌에서 집안의 기둥이었던 아버지를 중심으로 한 추억이다.

아버지는
시래깃국 한 그릇 드시고
갈비짐 한 지게를 지셨다

노징이재 30리
아버지는 비틀 비틀 산길을 올라 고령장 가셨고
하루종일 칼바람이 불었다

철모르는 우리들 일곱은
좁은 방구석을 뛰면서
눈깔사탕 생각에 배고픔도 잊고 있었다

콧물 훌쩍이던 동생들
허기에 취해 잠든 달 밝은 밤
아버지는 술에 취해 오셨다
팔리지 않는 갈비 한 짐

막걸리 두 되와 바꾸었다 하셨다

일곱 새끼들의 밥과 희망
눈물 섞어 마시고
울면서 소리치며
바람이 가슴을 치는 노징이재 넘어 오셨다

—더러버서 못 살겠다
우리도 대구로 가자
죽어도 대구로 가자!

지금도
나를 안고 우시던
아버지의 절규는 들리는데
이제는 지게도 없고
밥도 굶지 않고
노징이재 걷는 사람도 없고
고령장 어디에도 갈비는 없는데

나는
추억이 가슴 저려
아버지를 부른다

아—

아버지!

—「노징이재」 전문

권우용 시인의 어린 시절은 일제말에서 광복 초기로 이어지는 궁핍한 시대의 대명사로 불리던 시절이었다. 일제에 의한 단말마적 압제가 극을 달리며 민족과 사회를 거덜내었고, 그리고 6·25 전쟁의 내일이 보이지 않던 포화와 이데올로기의 쓰나미 현상이 개인적 삶의 행복을 마음대로 짓누르고 지나가던 시기였다. 농촌의 살림이 살림으로서의 최소한의 조건을 구비하지 못했고 정서적으로도 질정을 할 수 없는 불안과 불확실의 세계를 노출하고 있었다.

이 시기에 시인은 가난한 합천의 한 두뫼 마을에서 7형제와 함께 옹색한 나날을 살았다. 이 시는 그때 아버지의 애환과 식구들의 굶주리는 상황을 그려놓고 있다. 갈비짐 한 짐 산에 가서 해다가 고령장으로 가 돈으로 바꾸고 기다리는 식구들의 먹거리를 해결해야 히는 아버지는 팔리지 않는 갈비짐으로 막걸리 두 되와 바꾸어 취하여 돌아오는 저녁 나절, 아이들은 눈깔사탕 한 알씩 입에다 넣고 눈물로 밤을 지새워야 했던 것, 그것이 추억인가. 궁핍이라고 하지만 그런 시절이 꼭 권 시인의 집에만 적용되었던 것은 아닐 것이다.

아버지가 이를 견디다 못해 "더러버서 못 살겠다/ 우리도 대구로 가자" 고 외친 것이었다. 대구라는 대처로 가면 살길은 보장되는 것이었을까? 어쨌거나 이후 시인은 식솔들 거느리는 아버지의 일행으로 대구로 이사와 곤핍의 2단계 삶을 살아내면서 고등힉교를 다니고 그 다음 행보는 진주로 와 회사원이 되어 자력으로 사는 삶을 일구어내었다. 권 시인은 지금도 어린 시절 아들을 안고 우시던 아버지의 절규를 들으며 산다는 것이다. 그의 어린 시절은 눈물의 세월이지만 그의 일생의 한 과정이었으므로 하나의 통과의례였다. 그가 어려웠던 시기를 어려웠다고 글을 쓰는 지금이 생의 완성의 단계이기 때문에 통과의례는 그것대로 소중한 역정이고 역사인 것이다. 현재가 현재일 수 있는 원형이었다.

아버지는
아침마다 지게로 무장하고
역으로 가셨고
'지게꾼!' 소리를 들어야
우리는 죽을 먹을 수 있었다

—「지게」 부분

깡보리 한 되
소금 절인 갈치 한 마리
오늘도 아버지는 노동에서 이기셨나 보다
전리품은 왕사탕
하나 둘 셋 넷……
마지막 한 개, 엄마 입에도 하나
세상 모르는 우리는 가난이 즐거웠다

—「아버지의 노래」 부분

술지갱이 한 그릇 먹고 학교에 간 날
'어린 놈이 술을 먹고 오다니'
선생님은 회초리로 치셨고
나는 슬프고 가슴 아파
새끼 사슴 피를 토하듯 울었습니다

—「술지겡이」 부분

위 세 편은 그 가난의 현장을 새긴 작품들이다. 아버지의 지게는 가족이 의지할 언덕이었다. 그 언덕은 아침에 해가 뜨고 저녁에는 해가 지는 곳이었다. 그곳이 없으면 시인의 가족 또한 있을 수 없는 것이었다. 기댈 언덕이라 하는 것은 이를 두고 하는 말이었다. 아버지의 하루 노동이 이겼을 때 깡보리 한 되와 갈치 한 마리가 집으로 들어왔다. 가난이라는 말이 있다는 것도 모르는 채 식구들의 해는 뜨고 식구들의 해는 졌다. 그때에 술지겡이 한 그릇 연명의 그루터기가 되었지만 그것이 학교에서는 회초리로 돌아왔다. 시인은 이때부터 학교라는 사회가 원망스럽기 시작했을 터였다. 사회라는 것이 식구들의 뒤안길에서는 참으로 멀리 떨어져 있는 것임을 실감해가기 비롯했을 터였다.

권우용 시인이 시인이 아니라면 그때의 일은 기록하는 추억이 될 수 없었을 것이다. 그때의 추억은 '나의 눈물'에만 갇혀서 이디로 나올 수조차 없었을 것이다.

3

후문학파의 특징은 무엇일까? 자연지향의 긍정적인 사고의 소유자일 것이다. 인생을 거치는 동안 모가 닳고 낮은 데와 높은 데를 아울러 바라보면서 얻어낸 지혜는 긍정적인 이해에 도달한 것일 터이기 때문이다.

강이
흐르는 것은
끝없는 세월
구름 따라 흐르기 때문이다

강이
푸르고 고운 것은
높고 푸른 산
그림자 가슴에 안고 사랑하기 때문이다

강이
은혜로운 것은
저 넓은 들판 생명을 키우면서
아낌없이 나누고 베풀기 때문이다

강을 따라 사는 사람들
우리가 곱고 행복한 것은
물길이 천리를 흐르면서도
푸르고 아름답기 때문이다
스스로 고운 물결로

우리들 가슴에 흐르기 때문이다.

—「강이 아름다운 것은」 전문

인용시는 강이 푸르고 아름다운 것을 본받아 흐르면 아름답고 행복해진다는 주제를 담고 있다. 강은 일시적으로 흐르다가 그치는 것이 아니고 높고 푸른 산을 안고 흐르고 들녘의 생명을 키우면서 흐르기 때문에 영원의 가치를 지니고 있다는 것이다. 그 결을 지키며 그 색신을 지키며 그 은혜로움을 지키는 삶이 사람됨의 의미라는 것이다. 이 흐름은 노장풍의 동양적 사고를 밝혀주는 생태이다. 시인은 그 생태를 가까이 하며 산을 오르고 유람하고 여행하는 삶을 누리고 있어 보인다. 장수의 비결이 이 흐름의 받아적기에 있다는 것일까. 그가 살아온 길이 무겁고 어두웠을지라도 자연으로 돌아가는 순간부터 과거의 무거움과 어두움은 덜어내고 지우고 무화시킬 수 있다는 것일 터이다. 종교도 신앙도 주장하는 바 무늬가 다르지만 이 흐름의 원리를 밝히는 각론이라는 주장에 다름 아니리라.

그것은 하나의 소망에 이르는 길일 것이다.

하나여야 한다
하나라야 이루어진다

여러 개,
여러 가지는 다 욕심이다

정성으로
만들고 기도하며

불 밝힌 등 하나
하나의 소망으로 띄워라

가볍게 흘러가게
짐 하나만 실어라

튼튼함이 으뜸이니
물결 타고 저 푸른 바다로 가게

하나의 소망
뜨거운 정성으로 띄워라.

—「하나의 소망」 전문

권 시인은 흐름의 미학을 견고하게 가꾸는 사람이다. 자연지향의 흐름이면서 흐르는 것에 무게를 싣지 말아야 한다는 것이다. 여러 가지는 욕심이므로 하나만 가벼이 실어 흐르는 것일 때 목표 지점에 다다를 수 있다는 것 아닌가. 아마도 그 무게는 흐름 그 자체의 무게일 것이다. 무소유와 다르지 않고 무설법과 다르지 않을 듯하다. 말이 말에 휘말릴 수 있다면 말 자체의 무게가 가늠하기 힘들 것이다. 이런 철학은 생활에서 나온 것이지 무슨 지향의 이론에서 나오지 않은 것으로 보인다. 생래적일 수도 있고 무욕의 사색에서도 나올 수 있는 철학이다. 경륜이라는 말이 필요하다면 그에게는 경륜의 일상, 경륜에 의한 자연 유로의 결과라 할 수 있겠다. 후문학파는 이렇게 자연적이고 무위적인 사유에 귀결되는 것의 다른 이름이라 할 수도 있겠다.

4

권우용 시인은 행복을 어떻게 누리는가, 사는 태도가 어떠해야 행복해지는가, 그 비밀을 얻어내고 있어 보인다.

친구야
꽃 피는 봄날에는
그 고운 꽃들이
나를 위해 피었다 생각해 보라
얼마나 즐겁고 행복한 일인가

사랑하는 사람이
우리가 서로 만난 것도
나를 위한 하늘의 뜻이라고 생각해 보면
한 세상을 얻는 듯
우리들 사랑이 더 즐겁지 않겠는가

너를 위해 내가
나를 위해 네가
아름다울 수 있고

고운 마음이 된다면
우리가 무엇을 부러워 하겠는가

친구야
사랑하는 사람아
이제는 꽃이 지더라도
슬퍼 말고 기쁜 마음으로
다시 만나는 봄을 기다려야 한다
이별이 꼭 슬프기만 하지 않으니 말이다.

—「공짜로 행복해지는 방법」 전문

인용시는 꽃을 보는 법을 말하고 있다. 꽃은 제3자로 무관하게 피는 것이 아니라 나를 위해 아름다이 피는 것이라는 자기 중심적 사고를 가지는 것이 좋겠다는 것이다. 자기 중심은 그것이 자기 욕심을 구하고자 하는 것이 아니라 꽃이라도 나의 꽃, 그것으로 족하다는 안분지족의 정신을 달리 표현하는 것에 다름 아니다. 욕심은 언제나 차지하고자 하는 데서 생기는 것이라 할 때 꽃이 누구에게나 주어지는 꽃이면서 내가 보는 순간에 내 것이 된다는 그런 자족의 정신을 갖는 것이 필요함을 강조하고 있는 셈이다. 김춘수가 "내가 그의 이름을 불러 주었을 때 그는 내게로 와 꽃이 된다"는 이 이름 불러주기와 같은 것이라 할 것이다. 그래서 화답하는 꽃은 공짜인 것이다. 공짜의 행복으로 오는 것이다.

자랑할 것 없지만

부끄러운 것도 없고
그저 하루 하루 행복하니
이것도 즐거움 아닌지

크고 높은 것 부럽지 않고
많고 별난 것 욕심 없으니
그저 홀가분한 인생
이것도 기쁨 아닌지

고운 당신 옆에 있고
아이들 꿈나무처럼 잘 자라
노래하며 즐거우니
이것도 행복이라 하겠지

―「자랑할 것 없지만」 부분

권 시인의 행복론은 소박한 것이다. 자랑할 것이 없고 부끄러운 것이 없어서 행복하다는 것이다. 크고 높은 것 부럽지 않고 많고 별난 것 욕심 없어서 행복하다는 것이다. 이 행복은 인간에게 주어져 있는 끝없이 불어나는 욕망과는 역주행이다. 그러므로 역주행할 수 있다는 것은 그냥 공짜로 주어지는 것이 아니다. 오래오래 참아서, 두고 두고 눌러서, 시시때때 버리고 줄여서 얻은 결과이다. 말하자면 '선경험'에서 얻어낸 지혜인 것이다. 이런 역주행의 삶은 인생 초반에서 쉽게 성취될 수 있는 것이 아니다. 설령 그것에 대해 관념적 접근이 되었다 하더라도 삶의 철학으로 실천이 되는 성질이 아니다. 산전수전 다 겪는다는 말은 인생의 과정이 결코 이상적인 흐름을 갖는다거나 마냥 공짜로 이행되는 것이 아님을 설명하는 것일 터이다. 과욕의 여울을 거치고 조락의 결과를 맛보는 가운데 어렵게 어렵게 취득하는 지혜요 실천인 것이다. 그래서 필자는 권우용 시인을 두고 선인생을 살아낸 후문학파의 한 지점에 있다고 본다.

5

권우용 시인은 그의 시가 말하는 대로 추억할 만한 세상을 살아왔고 체험의 언덕을 넘어 노령의 기슭에 닿아 있다. 누구나 사는 삶이라도 누구나 다 지혜로운 사람이 되는 것은 아니다. 그는 안분지족의 세계와 긍정의 흐름에 경륜의 수레바퀴를 의연히 돌리며 산다. 가히 노령의 철학을 견지하면서 그가 사는 사회를 따뜻하게 만들어준다. 그의 자연적 나이를 두고 필자는 고령이라 하지 않는다. 굳이 말하라 한다면 노령이다. 인간으로 사는 방식을 무욕과 자족과 인륜에서 찾기 때문이고 또 그 성찰이 시의 미학에 닿아 있기 때문이다. 앞으로 시는 그에게서 그를 사랑하는 영원한 꽃이 되기를 빈다.

권우용 시집_ 여든 즈음, 그래도 즐거운 것은

초판 인쇄 | 2016년 10월 1일
초판 발행 | 2016년 10월 5일

지 은 이 | 권우용
발 행 인 | 문효치
편집국장 | 김밝은

펴낸곳 | 사단법인 한국문인협회 月刊文學 출판부
주소 | 서울시 양천구 목동서로 225 대한민국예술인센터 1017호
전화 | 02-744-8046~7
팩스 | 02-743-5174
이메일 | klwa95@hanmail.net
등록 | 2011년 3월 11일 제2011-000081호
ISBN 978-89-6138-337-0 03810

값 8,000원